Das Gute und das Böse

Die Moral der Welt und der Systemtheorie

Meinem Großvater gewidmet.

Über nichts ist wohl so viel geredet und geschrieben worden wie über gut und böse. Die neuerliche Auflösung der Begriffe durch die Luhmannsche Systemtheorie und die jüngsten politischen Ereignisse erfordern eine Klärung der Begriffe. Was bedeuten gut und böse? Macht es noch Sinn, über gut und böse nachzudenken? Gibt es ein Jenseits von Gut und Böse? Das sind Fragen, die uns erneut beschäftigen.

Niklas Luhmann hat seinerzeit eine beeindruckende Theorie vorgelegt, die Theorie sozialer Systeme. Innerhalb dieser Theorie wurde auch das Gegensatzpaar gut und böse behandelt und integriert. Gut und böse sei eine Unterscheidung, die ein Beobachter bzw. ein beobachtendes System einsetze. Es sei die Unterscheidung der Moral, und wer mit dieser Unterscheidung beobachte, der beobachte moralisch. Wenn man so beobachte, disponiere man über die Achtung oder Missachtung von Personen. Hintergrund dieser Theorieoption ist die Annahme, es gebe soziale Systeme, die sich autopoietisch reproduzierten. Dies geschehe auf Basis selbstreferentieller Operationen.

Eine Theorie ist eine gigantische PVA, eine riesige Personenvereinzelungsanlage. Man beobachtet irgend einen Gegenstand jeweils von außen, ist gewissermaßen ein Außenseiter. Wer sich im Nachgang mit so einer Theorie beschäftigt, wird mithin selbst zum Außenseiter, ebenso wie jene, die der Theorie folgen und ihre Handlungen und Entscheidungen an der Theorie ausrichten. Der Mensch ist aber ein soziales Wesen und fühlt sich normalerweise in Gesellschaft wohl. Eine Theorie ist somit nicht gerade gut für ihn. Das ist immer zu bedenken. Im Falle Luhmanns jedoch, dessen Theorie ja gerade Kommunikation und Gesellschaft beobachtet, scheint diese Gefahr nicht zu bestehen, und ich muss aus persönlicher Erfahrung sagen, dass diese Theorie mir eher gut getan hat. Sie hat mich eher aus der Einsamkeit heraus geholt, als einsam gemacht (dass ich im Moment sehr einsam bin, liegt an meinem Alter, einer Krankheit und meiner schwachen Kondition).

Niklas Luhmann hat die einzigartige, nahezu übermenschliche Leistung vollbracht, eine Theorie zu errichten und zu betreiben, die keine Theorie ist oder zumindest keine normale, keine althergebrachte. Er hat immer gesagt, es ist, wie es ist, und hat beschrieben, wie es ist. Nur, ob es so ist, wie von Luhmann beschrieben, das lässt sich noch bezweifeln. Man muss sicherlich nicht an der Theorie zweifeln, aber man kann schauen, was vielleicht noch fehlt, oder ob es nicht doch möglicherweise ein wenig anders ist, als von Luhmann beschrieben.

Ich habe immer in diesem Sinne agiert und Luhmanns Theorie mit meinen Erfahrungen abgeglichen, und diese Erfahrungen waren nicht immer nur gut, sie waren hin und wieder auch schlecht. Ich habe etwa eine Diplomarbeit zum Thema Glück bzw. Beratung geschrieben sowie einen Aufsatz über Paradoxien. Ich hätte noch mehr produziert, habe mich dann aber aus finanziellen Gründen für eine Tätigkeit als Erzieher entschieden. In der Folge habe ich eine Kunst, eine Religion, eine Partei und eine Wissenschaft gegründet (siehe Mahler, Enrico Georg, Die Systemtheorie und ich, 2024). Was noch fehlt, ist ein Unternehmen. Aber daran arbeite ich.

Luhmann hat also die Begriffe gut und böse auf eine Unterscheidung reduziert und auf bloße moralische Kommunikation. Er hat, wie mir scheint, die Moral verachtet, denn sie kommt in seinem Werk nicht weiter vor. Ist das aber der Stellenwert, den die Moral verdient? Ich denke nicht. Denn es gibt so viele verschiedene Moralen, sie wirken in alle Lebensbereiche hinein. Es gibt die Kampfmoral, die Arbeitsmoral und die Lebensmoral. Moral ist viel zu häufig und, wie man meinen könnte, viel zu wichtig, als dass sie in einer Theorie der Gesellschaft so eine Randexistenz innehaben sollte. Wir sollten der Sache daher viel mehr auf den Grund gehen.

Gut und böse sind nicht misszuverstehen. Jedes Kind weiß, was gut und was böse ist. Gut ist, was für mich (als System) gut ist. Das ist zunächst einmal tautologisch formuliert. Es geht dabei jedoch um die Existenz des Systems, um dessen Erhaltung. Was Essbares zu essen, ist daher gut – etwas Giftiges zu essen dagegen schlecht, und wer einem anderen ein Gift zuführt, wie die böse Königin und Stiefmutter im Märchen, der ist: böse. Daran wird deutlich, dass es bei der Moral keinesfalls nur um Personen geht – es geht um Dinge, Pflanzen, Tiere, Taten, Handlungen und um Menschen, mithin um alles.

Aber nicht nur der Erhalt des Systems ist hier zu betrachten, sondern auch und vor allem sein Wachstum. Gut ist demnach, was in diesem Sinne dem System dient. Man könnte, so gesehen, gut und böse mit

Plus und Minus darstellen oder zumindest vergleichen. Deutlich wird das am Guthaben auf dem Konto bzw. am Dispokredit. Böse ist demgegenüber, was schlecht für das System ist, was ihm schadet oder es gar vernichtet. Das mag alles trivial sein, muss an dieser Stelle aber noch einmal deutlich gemacht werden. Die Eigenschaften oder auch Zuschreibungen gut und böse sind nach alldem *systemreferentiell*, sie beziehen sich immer auf ein bestimmtes, konkretes System.

Wenn wir gut und böse als systemreferentiell bezeichnen, bekommen wir jedoch sofort ein Problem. Denn wie sieht es aus, wenn jemand einem anderen etwas wegnimmt? Das wäre dann schlecht für das eine System, aber gut für das andere. An dieser Stelle muss der Beobachter, der Dritte, sich entscheiden (oder er lässt es und bleibt neutral), auf wessen Seite er sich schlägt. Solidarisiert er sich mit dem Geschädigten, kann er die Tat des Wegnehmens als böse bezeichnen, ist er sich einig mit dem, der sich die Sache angeeignet hat, wird er das Ganze positiv darstellen. Es kommt also immer darauf an, wer was wie beobachtet. Gut und böse sind demnach nicht nur systemreferentiell, sondern auch *sozialsystemreferentiell*. Das hört sich etwas sperrig an, bedeutet aber nur, dass es soziale Systeme gibt in dem Sinne, dass zwei Systeme sich einig sein können, oder anders und sprichwörtlich: Wo zwei sich einig sind, ist der Dritte der Täter (bzw. das Opfer).

Hier können wir das ganze Problem schnell hochrechnen. Und zwar können im vorgenannten Konflikt immer mehr Personen, immer mehr Systeme hinzukommen. Jedes Mal entscheidet dann im günstigen Fall die Mehrheit, im ungünstigen Fall ein neuer, ein sozialer Konflikt bzw. Krieg. Betrachtet man die ganze Menschheit, ist sie sich einig, dass die Wegnahme einer Sache böse ist. Die Menschheit ist, so gesehen, gut. Nur die Tiere mögen das anders sehen. Für sie und eine angenommene Konferenz der Tiere ist die Menschheit böse. Es kommt auch hier darauf an, wer was wie beobachtet, beschreibt oder bezeichnet.

Kommen wir zurück zum einzelnen System. Ein System muss physikalische Arbeit verrichten und sich auf diese Weise Energie zuführen, um sich selbst zu erhalten. Es muss sich in der realen Welt Materie bzw. Stoff zuführen. Das allein genügt aber nicht. Einigermaßen komplexe

Systeme müssen die verarbeiteten Stoffe auch wieder abführen oder ausscheiden. Eine Art Kreislauf (es ist keiner) entsteht. Wie ein Wurm nimmt das System vorne Stoffe, und zwar für es selber wertvolle Stoffe, auf und gibt hinten für es wertlose Stoffe wieder ab. Es ist so gesehen eine Wertverwertungsmaschine. Was bedeutet das? Das bedeutet nichts anderes, als dass Systeme per se oder naturgemäß schlecht sind oder sogar böse. Sie verwandeln gute Stoffe in schlechte, Gutes in Schlechtes. Das lässt sich nur vermeiden, indem man nichts zu sich nimmt, wie Buddha oder andere Inder. Wir sind so gesehen born to bad und Schlimmeres. Höher entwickelte Lebewesen nehmen andere Pflanzen und Tiere, Viren und Bakterien zu sich. Sie sind born to kill, geboren, um zu töten.

Ist die Welt damit schlecht und ein

böser Ort? Schwebt nur ein Geist über diesen Wassern des Wissens und Gewissens? Scheinbar ja. Der Geist weht, wo er will, manchen ist er gegeben, anderen nicht. Sorgen wir uns also nicht, sondern vertrauen wir auf diesen Geist und damit auf Gott. Auch wenn es schlecht aussieht zur Zeit und es keine Weltregierung gibt, die für Recht und Ordnung sorgt, so deutet doch alles darauf hin, dass es zu dieser Weltregierung kommen wird. Das ist durchaus zu hoffen und zu befürworten.

Man muss nicht gleich die Beobachter betrachten und sozusagen vermehren, man kann auch bei den Dingen selber bleiben und überlegen, was passiert, wenn man diese Dinge vermehrt. Um ein Beispiel zu geben: Ein Haus ist gut für den Bewohner. Es schützt vor Kälte, Regen und bösen Tieren. Viele Häuser ergeben ein Dorf oder eine Stadt, und das ist auch nicht schlecht. Millionen Häuser jedoch werden zum Problem. Die Menschen müssen dann Staaten bilden, was zu Auseinandersetzungen um Land und Ressourcen führt. Milliarden Häuser auf einem kleinen Planeten sind nachgerade eine Katastrophe. Wir wissen allerdings erst seit wenigen Jahren um die ökologischen Zusammenhänge. Bei seiner Erfindung war das Haus noch gut und man kam sich darin vor wie Gott. So ist es mit allen Dingen: die Menge macht's.

Gut und böse sind nicht nur bloße sprachliche Ausdrücke, sie sind auch Werturteile, die ein Beobachter benutzt, um den Wert von etwas oder von jemandem zu beurteilen. Gut ist etwas wertvolles und böse bzw. schlecht ist etwas wertloses. Auch dies bezieht sich immer auf ein

System, ist also immer systemreferentiell. Das System als Wurm hatte ich bereits betrachtet, aber wie sieht es aus mit den Körpern hochentwickelte Lebewesen? Auch diese kann man als gut oder böse beobachten, als wertvoll oder wertlos. In der Tierzucht wird dies regelmäßig so gemacht, auch wenn man nach Charakter züchten kann. Im Falle der Menschen nennt man das landläufig Fleischbeschau. Diese wird im Allgemeinen abgewertet, da der Wert des Menschen gerade nicht in seinem blossen Körper liegt. Der Wert des Menschen bemisst sich nach seinem Wert für die Menschheit. Daher bezeichnet man einen Hitler als böse und einen Gandhi als gut. Manche sehen das anders. Das liegt daran, dass es, abgesehen von der UNO, noch keine Repräsentation der gesamten Menschheit gibt.

Alles Vorangegangene ist sehr äußerlich betrachtet. Wie sieht es aber aus mit der Gesundheit, mit den internen Vorgängen der Körper hochentwickelte Lebewesen? Wenn man genau hinsieht, bezahlt man hier alles Gute mit etwas Schlechtem. Ob Häuser und die dazugehörige Domestizierung oder Autos und der Bewegungsmangel, alles hat seine üble Kehrseite, die sich häufig nach innen wendet. Die immensen Kosten der Zivilisationskrankheiten sind ebenso ein Problem wie die Masse der Dinge an sich. Vieles kommt hier gar nicht an die Öffentlichkeit, dringt gar nicht nach außen. Das Internet hat immerhin viel verändert.

Was kann man in dieser Lage tun? Soll man den Menschen tatsächlich zum Maß aller Dinge erklären? Oder muss man den Tieren nicht auch ihr Recht zugestehen, da wir offensichtlich so verschieden nicht sind? Das Ideal war und ist immer noch der Mensch, der die Menschen liebt und auch die Tiere. Und wer war dieser Mensch? Jesus! Er hat eine ganz unglaubliche Wende eingeleitet. Wir alle leben in seiner Nachfolge und würden ohne ihn vermutlich gar nicht existieren. Manche zweifeln allerdings an der historischen Existenz Jesu Christi, und ich kann das verstehen. Die ganze Geschichte klingt doch sehr unwahrscheinlich. Andererseits kann es auch keine vollständige Erfindung sein.

Ich schreibe dieses Buch auf einem Smartphone. Zunächst war das Handy eine gute Sache für jene, die keinen Hausanschluss hatten oder eher ländlich lebten bzw. viel unterwegs waren. Es eignete sich auch gut, einen Notruf im Falle einer Notlage abzusetzen. Die Masse der

Smartphones jedoch, ihre Herstellung und massenhafte Verwendung, bringt inzwischen ernsthafte Probleme mit sich. Gerade kam die Nachricht im Radio, dass Kinder und Jugendliche das Handy kaum noch aus der Hand legen. Was wohl die Augenärzte später dazu sagen werden?

Gut und böse sind nach dem bisher Gesagten also nicht bloß irgend eine Unterscheidung, mit der ein Beobachter moralisch beobachtet. Schon gar nicht ist die Verwendung dieses Gegensatzpaares selber zu missbilligen. Vielmehr ist es normal, dass Systeme ihre Umwelt auf Gutes und Böses hin beobachten. Sie sind sozusagen dazu gezwungen, wollen sie nicht blind in der Welt umherirren. Moralisch zu beobachten, ist nachgerade ihre Haupttätigkeit.

Wer will es ihnen verdenken?

Betrachten wir nun soziale Systeme. Diese gibt es, weil sich immer Systeme, Personen oder Menschen finden, die sich im wesentlichen einig sind und die miteinander kommunizieren. Sind sich die Systeme nicht einig, handelt es sich auch um ein soziales System, in diesem Fall jedoch um einen Konflikt. So ein Konflikt ist selten gut für die Beteiligten und wird daher auch als schlecht bezeichnet, bei Kriegen gar als die Hölle. Sind sich die Systeme aber einig, ist das gut oder auch vorteilhaft für die Beteiligten, denn zusammen schafft man mehr. Ein solches soziales System allerdings, in dem die Beteiligten Systeme sich einig sind, kann für dritte Systeme jedoch sehr unvorteilhaft bzw. schlecht sein. Soziale Systeme können also, wie einfache Systeme, sowohl gut als auch böse sein. Hier gilt ebenfalls: an ihren Taten sollt ihr sie erkennen. Festhalten lässt sich mithin, dass gut und böse eine globale Unterscheidung ist, mit der Systeme die Welt laufend beobachten. Dauernd überlegen Systeme, ob etwas gut ist für das System oder schlecht, ob jemand böse ist oder eben lieb. Man muss dauernd auf diese Weise beobachten oder man geht anderen auf den Leim und Schlimmeres. Eine ganz andere Frage ist es, ob man überhaupt etwas sicher über gut bzw. böse wissen kann, zum Beispiel, ob etwas ein Fake ist oder eine Falle oder nicht. Hier muss man dann zum Teil vertrauen und sich zum Teil auf seine Erfahrung verlassen. Andererseits jedoch gilt: Vertrauen ist gut, Kontrolle ist besser!

Der Mensch hat inzwischen genügend soziale Institutionen, die sich diesen Problemen widmen, zum

Beispiel die Stiftung Warentest oder der Verbraucherschutz. Wir können viel besser als Fische kontrollieren, ob eine Sache einen Haken hat oder nicht. Es ist mir persönlich schleierhaft, warum Luhmann nicht konkreter auf diese Problematik eingegangen ist. Eine Vielzahl an sozialen Systemen gibt es, weil es gut und böse gibt. Es wäre sehr aufschlussreich gewesen, diese Unterscheidung näher zu untersuchen, gerade für eine soziologische Theorie sozialer Systeme. Stattdessen hat Luhmann sie als bloße Moral abgetan und nicht weiter beachtet. Vielleicht war ihm die Unterscheidung zu urtümlich oder zu trivial.

Dass die Unterscheidung nicht trivial ist, sondern vielmehr hoch komplex, zeigt das Reizthema Rauchen. Man mag jetzt denken,

Rauchen ist Rauchen, und das sei eben nun mal schädlich. Aber so einfach ist es nicht. Denn schlecht ist das Rauchen höchstens für das rauchende System und Anrainer. Aber auch das lässt sich bestreiten. Man weiß hier eigentlich nichts genaues und ist von der öffentlichen Meinung bzw. den Medien abhängig. In den sozialen Medien dagegen finden sich Verlautbarungen, die darauf hinweisen, dass Raucher oft länger leben als zwanghaft gesund leben wollende Personen. Hinzu kommt, dass Rauchen für den Staat eher eine positive Angelegenheit ist. Denn der Staat nimmt nicht nur einen Haufen Steuern durch das Rauchen ein, sondern spart auch viel Geld durch den Umstand, dass Raucher weniger bzw. kürzer Rente beziehen. Auch die Krankenkassen sparen im Grunde viel Geld, da die Krankheiten der Raucher nicht so lange andauern wie die der

Nichtraucher. Das mag manch einer als zynisch empfinden, ist aber Fakt.

Raucher sind natürlich sehr stark abhängig. Wenn sie das gewusst hätten, hätten die meisten vermutlich nie damit angefangen. Sie haben sich jedenfalls gegen das Gute entschieden, denn Rauchen ist permanenter Suizid. Man kann natürlich damit aufhören, aber das ist wegen des Nikotins sehr schwer. Raucher beschreiben allerdings auch einige positive Seiten des Rauchens. Selten wird dabei erwähnt, dass Rauchen die Abwehrkräfte des Körpers trainiert. Raucher können mit Giftstoffen viel besser umgehen als Nichtraucher. Und was in der Welt ist kein Gift? Sehr viele Stoffe in den günstigeren Lebensmitteln sind wenig bekömmlich, wobei hier wie überall gilt: Die Dosis macht das Gift!

Wer raucht, der verliert zehn Jahre

seines Lebens, sagt man. Man sagt aber auch: „Werd' bloß nicht alt!". Wenn überhaupt, dann verliert man die letzten zehn Jahre des Lebens, und auf die kann man gut und gerne verzichten. Oder wer möchte gerne jahrelang in einem Altersheim herumliegen, vergessen von den Angehörigen und schlecht behandelt von den Pflegekräften? Ich nicht, und daher rauche ich, oder um es mit Robert Musil zu sagen: „Ich lebe, um zu rauchen". Dabei wurde ich von einer wunderschönen Frau dazu verführt. Wir fuhren mit ihrem Auto zu einer Burgruine bei Neubrandenburg, sie zündete sich eine Zigarette an und fragte mich, ob ich auch einmal probieren möchte. Ich konnte nicht nein sagen - zulange war ich als Nichtraucher erfolglos im Leben. Der Grund für diese Erfolglosigkeit war ein anderer als das Nichtrauchen, aber das war mir in dem Moment egal. Ich war traurig und verzweifelt, und ließ mich gern verführen.

„1 Am Anfang schuf Gott Himmel und Erde. 2 Und die Erde war wüst und leer, und es war finster auf der Tiefe; und der Geist Gottes schwebte auf dem Wasser. 3 Und Gott sprach: Es werde Licht! und es ward Licht. 4 Und Gott sah, daß das Licht gut war." Dieses Zitat ist so berühmt, dass ich es nicht extra nachweisen muss. Interessanterweise ist das Wort gut das 39. Wort des Zitats und das vierte Adjektiv. Das siebente Substantiv ist Wasser und das achte Licht. Ich will darauf nicht näher eingehen. Wichtig ist hier nur der letzte Satz:„Und Gott sah, daß das Licht gut war." Was hat das zu bedeuten? Inwiefern ist das Licht gut? Und wenn Gott sieht, wie kann er das Licht beurteilen? Wozu beurteilt er das Licht – er hat es doch selbst erschaffen? Warum sollte es also nicht gut sein? Ohne Zweifel stellen die Menschen sich Gott nur so vor, denn irgend einen Sinn machen diese Worte nicht – jedenfalls nicht im 21. Jahrhundert. Licht ist physikalisch gesehen ein Abfallprodukt. Es entsteht in Sternen bei der Fusion zweier Wasserstoffatome Es ist also nicht per se gut oder schlecht, sondern wieder nur für ein System, also systemreferentiell gesehen. Fraglich ist, ob das Licht gut für Gott ist, denn er benötigt es ja gar nicht, existierte er doch schon vor der Erschaffung des Lichts. Auch hier ist es so, dass es von der Menge des Lichts abhängt, ob man Licht als gut oder schlecht bezeichnen muss. Wenig bis viel Licht ist sicherlich gut für die meisten Systeme, zu viel Licht oder starkes Licht wie ein Laser ist dagegen schlecht und sogar zerstörerisch. Immerhin liefert es die Energie für die Pflanzen, die per Photosynthese ihre

Energie produzieren.

Wie auch immer man das Licht beurteilt, ob nun als gut oder als schlecht, es liegt eigentlich jenseits von Gut und Böse. Denn wir sind zu einhundert Prozent vom Licht der Sonne abhängig. Ohne dieses Licht gäbe es kein Leben auf dem Planeten Erde, jedenfalls kein menschliches. Es ist also ganz gleichgültig, wie man es betrachtet oder beurteilt – es ist das Licht der Sonne. Und als solches können wir es nicht abstellen. Selbst wenn man sich zum Beispiel daran stört, man kann daran nichts ändern. Es ist, wie es ist.

Aber zurück zur Systemtheorie. Nach Luhmann gibt es sogenannte soziale Systeme, die sich autopoietisch reproduzieren. Sie tun dies, indem sie beobachten, und zwar mittels Kommunikation. Kommunikation sei das Element dieser Systeme, so Luhmann. Es bestehe aus einer Mitteilung, einer Information und dem Verstehen. Das Verstehen beobachte jeweils eine

vorangegangene Kommunikation, indem es die Information von der Mitteilung unterscheide. Soweit die Theorie. In der Praxis jedoch geschieht alles Mögliche. Es handelt sich bei der Gesellschaft eher um einen Dschungel als um ein Netzwerk. Luhmann hat ja den Begriff und die Metapher des Netzwerks benutzt, um die Gesellschaft zu charakterisieren. Das lehne ich persönlich ab. Vielmehr schlage ich vor, die Metapher des Dschungels zu gebrauchen. Die Gesellschaft wäre dann ein Dschungel, in dem ein tausendfaches Stimmengewirr vorherrscht bzw. zu beobachten ist. Dieser Vorschlag zielt natürlich darauf ab, dass wir Affen sind. Manche bestreiten das immer noch, obwohl längst nachgewiesen ist, dass Affen alle Eigenschaften besitzen, die wir auch haben. Ich gehe hier nicht ins Einzelne, aber es gibt inzwischen genügend Videos, die beweisen, dass wir nicht nur von den Affen abstammen, sondern dass wir uns auch immer noch so verhalten. Dabei ist mitzusehen, dass es sehr viele verschiedene Arten von Affen gibt und dementsprechend auch viele verschiedene Arten von Menschen. Es ist eine Sünde und ein Verbrechen, diese unterschiedlichen Arten zusammenzuwürfeln, zum Beispiel in einem Klassenzimmer. Aber das ist wohl kaum zu vermeiden, da Menschen andauernd am Wandern sind.

Wir sind so sehr Affen, dass wir uns darob schämen und mehr

Schauspieler als tierische Zeitgenossen sind. Wir dürfen auf keinen Fall unser Gesicht verlieren oder aus der Rolle fallen. Auch im falschen Film zu sein, ist sehr irritierend. Wir tun im Grunde alles, um zu verhindern, dass erkenntlich wird, dass wir tierische Verwandte haben. Wir verhalten uns mehr oder weniger absichtlich anders als Tiere, wir tragen eine Kleidung, sprechen so deutlich wie möglich, wir gehen aufrecht und geben uns gesittet. Unsere Autos sind bunt und die Häuser ebenso. Mit dieser ganzen Matrix wollen wir kaschieren, dass wir Affen sind. Nun, warum auch nicht. Sind Affen doch, wie man jetzt weiß, schreckliche Tiere. In einem jener erwähnten Videos zum Beispiel ist zu sehen, wie eine Horde Affen einen anderen Affen jagt und zerfleischt. Ein fürchterlicher Anblick!

Die These ist mithin, dass das Kaschieren der Realität auf dem Umstand beruht, dass wir Tiere sind. Alle sozialen Institutionen, die soziale Kontrolle sowie Gesetze und Gerichte beruhen ebenfalls auf diesem Umstand. Mit allen Mitteln soll und muss verhindert werden, dass unsere tierische Natur durchscheint oder gar durchbricht. Es ist demnach nicht zu empfehlen, aus dieser Matrix auszusteigen. Es gibt rein gar nichts in der Wüste der Affenlichkeit – es ist alles „wüst und leer".

Dass wir Tiere bzw. Affen sind, sieht man auch daran, dass das Böse in der Welt dominiert. Der Gute gewinnt – leider nie! Ich habe das einmal das Niewanna genannt, angelehnt an das Nirwana des Buddha. Das Gute bleibt immer nur ein Traum. In der Welt haben die bösesten Leute die Macht – Menschen kann man sie nicht nennen. Oder wie Charlie Chaplin es ausgedrückt hat: „Macht braucht man nur, wenn man Böses vorhat – für alles andere reicht Liebe." Die Macht haben also furchtbar böse Leute, die nur reich und mächtig werden konnten, indem sie böse gewesen sind. Auch korrupt sind die Mächtigen – für Geld tun sie alles – und sie tun mit ihrem Geld alles. Was kann man da noch hoffen? Gar nichts. Der Begriff Autopoiesis, von Maturana erfunden und von Luhmann in die Soziologie eingeführt, bedeutet ja nichts anderes als: Nur wie man es selber macht! Nur wenn man selber genauso böse oder noch böser ist, kann man in der Welt etwas erreichen. Das soll nicht in Abrede stellen, dass es gute Menschen gibt.

Was hat es nicht alles an Bösem gegeben. Die Geschichte der Menschheit ist sozusagen die

Geschichte der Boshaftigkeit. Davor kann man nur die Augen verschließen und zu Gott beten. Zum Beispiel Deutschland. In den Jahren 1933 bis 1945 wurden von den Nationalsozialisten 17 Millionen Menschen ermordet. Der Holocaust an den Juden ist hierbei herausragend. Die Nazis scheuten weder Kosten noch Mühen, sechs Millionen Juden zu vernichten. Die Errichtung und der Betrieb der Konzentrationslager war eine nahezu unlösbare Herkulesaufgabe. Die Nazis haben es dennoch geschafft – niemand weiß, wie. Allein der Betrieb der Eisenbahnen zu den Lagern war hochkomplex. Mitten im Krieg sechs Millionen Fahrgäste zu befördern, war eine Unmöglichkeit. Dennoch ist es passiert. Die Eisenbahnen und die Verbrennung der Leichen erforderten Millionen Tonnen Kohle. Und Kohle war knapp. Nicht zuletzt dauerte die

Verbrennung der Leichname jeweils mindestens drei Stunden pro Stück. Das ergibt bei zwei Öfen eine Dauer von gut 100 Jahren. Wie soll man das in drei Jahren schaffen? Es war eine Meisterleistung – des Bösen!

Aber genug davon. Hoffen wir auf das Gute. Doch was ist das Gute? Was macht das Leben lebenswert? Die Frage erinnert an einen Film von Woody Allen, in dem er auf der Couch liegt und eine Reihe von Dingen aufzählt, ein Buch, ein gutes Steak und so weiter und sich zum Schluß an das Gesicht seiner Freundin erinnert. Er läuft daraufhin durch New York, um sie noch einmal zu sehen. Wie romantisch! Es ist die Liebe, die das Leben lebenswert macht. Bei Luhmann ist Liebe jedenfalls nur ein symbolisch generalisiertes Kommunikationsmedium unter anderen. Das ist traurig. Ich bin weit entfernt davon, die Liebe in den Himmel zu heben, aber wenn wir lieben und geliebt werden, können wir uns glücklich schätzen. Auch Tiere sind zur Liebe fähig – das übersehen jene, die auf die Tiere herabsehen oder sie verachten.

Übrigens habe ich Feinde. Es sind böse Menschen. Sie sind, natürlich, an der Macht. Sie bezeichnen mich als Tier, gar als das Tier aus dem Meer nach der Offenbarung des Johannes. Das ist offensichtlich großer Humbug. Ich bin zwar in Rostock aufgewachsen, einer Stadt am Meer, geboren bin ich jedoch in Grevesmühlen. In Rostock habe ich nur gelitten. Einmal habe ich beim Anblick einer schönen Frau eine spontane Erektion bekommen und dies einem Freund erzählt. Meine Feinde haben daraus geschlossen, dass ich seit 50 Jahren den Frauen mit einer Dauererektion hinterherlaufe.

Was für ein Schwachsinn. Jeder Pornodarsteller hatte mehr Erektionen und mehr Geschlechtsverkehr als ich – aber mich will man für eine Spontanerektion erschießen. Das ist dümmer, als die Polizei erlaubt. Es ist eine Hexenjagd und genauso dumm und bekloppt. Da wir in eigentlich aufgeklärten Zeiten leben, konfrontieren meine Feinde mich nicht direkt mit ihrem Schwachsinn, da dieser dann ja offenbar würde, sondern sie bestätigen sich nur noch gegenseitig in ihrer Ansicht. Im Übrigen hatten sie selber mit Sicherheit mehr Erektionen und Geschlechtsverkehr als ich, aber sie hetzen dennoch gegen mich. Im Stile eines „Haltet den Dieb!" zeigen sie mit Fingern auf mich.

Angefangen hat alles damit, dass ich als Kind gesagt habe: „Ich bin geboren". Es war eine Entgegnung auf die Behauptung, dass nichts wahr sei und alles erlaubt. Von dem Augenblick an waren mir diese Leute feindlich gesonnen. Es gibt, so gesehen, nicht nur ein positives Karma, das schlechte oder böse Taten ausgleicht, sondern auch eine Art negatives Karma, das gute Taten oder Worte bestraft. Das Universum will das Gleichgewicht, und so heißt es nicht umsonst: „Einer guten Tat folgt die Strafe auf dem Fuße." Ich habe also Feinde, weil ich lieb und artig bin. Das ist so schlimm! Seither verfolgen mich jene Leute. Sie hören mich ab und beobachten jede meiner Regungen. Sie reden darüber in der Öffentlichkeit, sogar zu mir, aber nie direkt, sondern immer nur hinter meinem Rücken, neben mir oder mit dem Handy am Ohr. Einfach nur lächerlich!

Nie im Leben war ich böse. Das Böse ist destruktiv, zerstörerisch, das

Gute erschafft, ist konstruktiv. Ich bin auch nicht besonders gut, also schaffend, ich bin etwas dazwischen, neutral, eher inaktiv. Die einen werfen mir daher vor, ich wäre nicht gut, die anderen verachten mich dafür, dass ich nicht böse bin. Dabei habe ich meine Gründe. Denn das Böse ist direkt destruktiv, das Gute indirekt. Wer einen Schrank oder Tisch bauen will, der muss vorher einen Baum fällen. So gesehen ist alles mehr oder weniger böse, direkt oder indirekt destruktiv. Ich habe deshalb nicht nur nie etwas kaputt gemacht, ich habe auch möglichst vermieden, Müll zu produzieren. Das gilt auch und vor allem für meine schriftstellerische Tätigkeit. Denn auch für Bücher werden Bäume gefällt, wofür ich mich an dieser Stelle schon einmal entschuldigen möchte.

Kommen wir jedoch von diesem

Ausflug in persönliche Dinge zurück zu gut und böse. Beobachten wir nicht alle Gegenstände und Personen dauernd daraufhin, ob sie gut oder schlecht bzw. böse sind? Sei es beim Spazierengehen oder beim Einkaufen, beim Joggen oder Autofahren. Die Unterscheidung von gut und böse ist also eine alltägliche, eine globale Unterscheidung. Die meisten, wenn nicht alle Beobachter beobachten mit ihr, setzen diese Unterscheidung ein und äußern sich entsprechend. Eine andere Frage ist es, ob jene sozialen Systeme alltäglich mit dieser Unterscheidung operieren. Aber es ist ja schon eine Frage, ob es diese sozialen Systeme überhaupt gibt. Meiner Meinung nach werden Äußerungen durch Luhmann einfach sozialen Systemen zugerechnet, anstatt Leuten, Menschen oder Personen. Luhmann nimmt diese sozialen Systeme bloß an bzw.

konstruiert soziale Systeme quasi am Schreibtisch. Will er Personen damit sozusagen entschuldigen, indem er die Verantwortung für alles auf angenommene soziale Systeme schiebt? Was genau will er damit entschuldigen? Etwa alles Böse, das alltäglich geschieht? Der geneigte Leser möge diese Fragen für sich beantworten. Dabei will ich nicht auf den Nationalsozialismus hinaus, sondern darauf, dass Luhmanns Vater Brauereibesitzer war. Wollte Luhmann entschuldigen, was die Leute tun, wenn sie betrunken sind?

Ich lasse die Frage offen, bleibe aber bei der Theorie sozialer Systeme von Niklas Luhmann. Ist diese Theorie nun gut oder böse bzw. schlecht? Mancher mag einwenden, so pauschal könne man das nicht beantworten. Ich meine allerdings, dass man das kann. Denn im Grunde ist alles wenigstens indirekt böse oder schlecht. Das betrifft daher auch die Systemtheorie Luhmanns. Dieser hat eigentlich bloß aktuelle Begriffe und Theorien anderer Leute zusammengefasst und miteinander kombiniert. Er hat gar nichts Eigenes geschaffen, sich in Bezug auf den Begriff Autopoiesis also selbst widersprochen. Er hat Bücher konsumiert wie Brot. Er hat sie verdaut und in seine Großtheorie eingebaut. Als Beamter hatte er nur Sinn für das Gewöhnliche, aber nicht für das Ungewöhnliche. Es hat ihn scheinbar gar nicht interessiert, was wirklich vor sich geht. Er hat pauschal über Bewusstsein und Soziales geurteilt und soll nun genauso pauschal beurteilt werden. Richtet nicht, damit ihr nicht gerichtet werdet!

Zu was die von Luhmann konstruierten sozialen Systeme fähig sind, macht folgendes Beispiel deutlich. Es ist weitgehend in Vergessenheit geraten, dass die Atommächte in den fünfziger und sechziger Jahren über eintausend Atombombenversuche durchgeführt haben. Sämtliche radioaktive Teilchen, die dabei entstanden sind, sind aus der Luft ausgewaschen worden und im Boden gelandet. Diese Teilchen sind jedoch stark krebserregend. Man kann daher mit Fug und Recht davon ausgehen, dass es diese Teilchen sind, die die millionenfachen Fälle von Krebs erzeugen, und dass man das Rauchen fälschlicherweise und mit Absicht als Ursache für Krebs verantwortlich macht. Das ist aber nur Beispiel für die Machenschaften der sozialen Systeme, die Luhmann per Theorie in die Welt gesetzt hat. Ich persönlich gehe ja nicht davon aus, dass es diese sozialen Systeme gibt. Für mich sind ganz konkrete Leute, Menschen und

Personen verantwortlich.

Die These, es gebe soziale Systeme, die sich per Kommunikation selbst reproduzierten, hat einige schwerwiegende Konsequenzen. Eine besondere Folge jener Theorie ist zum Beispiel, dass Leute bzw. Personen, die eigentlich nichts anderes tun, als zu reden, gesellschaftlich aufgestiegen und deshalb sozusagen obenauf sind. Sie hatten es nicht mehr nötig, ihre Fähigkeiten unter Beweis zu stellen, also ihre Kompetenz in konkreten Dingen nachzuweisen. Diese Quatschköppe und Labertaschen dominieren das Geschehen und daher auch die Medien. Kompetenz ist nicht mehr gefragt, scheinbar überflüssig geworden, und die Folgen sind an allen Ecken und Enden zu spüren.

Ein Beispiel für diese Entwicklung ist der weniger bekannte

Systemtheoretiker Peter Fuchs. Dieser war ein begnadeter Redner und als Autor ein Genie. Während meines Studiums der Sozialen Arbeit in Neubrandenburg war ich einige Jahre bei ihm studentische Hilfskraft. Peter Fuchs hat mehrere Bücher zur Systemtheorie veröffentlicht. Ich kam also in persönlichen Kontakt mit ihm und hatte daher das Vergnügen, ihn näher kennen zu lernen. Um es kurz zu machen: Er war ein schwieriger Charakter. Einerseits war er sehr zugänglich und gesprächsbereit, andererseits konnte man keine Gnade oder Großzügigkeit erwarten. Es gab demnach zwar Gespräche, aber diese führten zu nichts. Man hatte immer das Gefühl, seine Zeit verschwendet zu haben. Die Gespräche waren sozusagen autopoietisch – man drehte sich meistens im Kreis.

Aber Peter Fuchs ist nur ein

Beispiel für die Sinnlosigkeit der Systemtheorie Luhmanns. Dabei brüstete man sich innerhalb der Theorie gerne mit dem Hinweis darauf, dass das ganze Projekt der soziologischen Systemtheorie nichts gekostet habe. So stehe es jedenfalls bei Luhmann im Projektantrag. Unterschlagen wurden mithin drei Millionen Euro Professorengehalt. Das ist vielleicht nicht besonders viel, zählt aber zum Verbrauch der Theorie bei gleichzeitiger Sinn-und Ergebnislosigkeit. Das Ganze kann man also durchaus als boshaft bezeichnen.

Böse waren Luhmann, Fuchs und Co. aber auch in dem Sinne, dass sie gerne das Ansehen und die Reputation anderer Gelehrter zerstörten. Fußnoten in den Texten oder Anspielungen in den Vorträgen sprachen Bände und machten die betroffenen Personen in der Regel lächerlich. Man amüsierte sich in den Gesprächsrunden köstlich und kriegte sich kaum noch ein vor boshaftem Vergnügen. Die Theorie war offen unmoralisch und moralfeindlich. Das wurde auch gar nicht bestritten, sondern als Eigenheit der Theorie herausgestellt. Begründet wurde es jedoch nicht, außer vielleicht damit, dass Moral polemogen sei, also Konflikte erzeuge. Das lässt sich aber nicht bestätigen. Vielmehr hat die Systemtheorie ihre Moral gar nicht reflektiert. Das soll nicht heißen, dass sie sich gar nicht reflektiert hätte. Sie hat sich reflektiert, aber nicht als moralisch. Der Systemtheorie ist irgendwie nicht aufgefallen, dass es so etwas wie eine Theoriemoral gibt, neben anderen Moralen wie der Kampf- oder Arbeitsmoral. Die Theoriemoral beobachtet auch mit der Unterscheidung gut und schlecht bzw.

böse. Eine Theorie kann dann gut oder schlecht sein. Gut ist eine Theorie etwa, wenn sie einen komplexen Ansatz hat, aktuelle wissenschaftliche Erkenntnisse aufgreift und eine Menge Erklärungen für möglichst viele Phänomene bietet. Hier ließe sich noch mehr ergänzen, soll an dieser Stelle aber genügen. Man kann bei Luhmann nachlesen, wie eine gute Theorie aussehen sollte. Er hat dies nur nicht als Theoriemoral bezeichnet.

Was ist nun moralisch gut und was schlecht bzw. böse? Nimmt man die Kampfmoral, dann gehört auf jeden Fall dazu, dass man nicht aufgibt, sondern immer weiter macht, egal, wie die Lage ist. Wer einfach so aufgibt, nur weil der Kampf aussichtslos erscheint, wird im Allgemeinen verachtet. Wer weiter kämpft, auch wenn es keinen Sinn mehr macht, hat sich immerhin die

Achtung der Zuschauer bzw. Beobachter verdient. Ein weiterer entscheidender Punkt ist die Frage, ob sich der Kämpfer an die Regeln hält. Hierzu werden in organisierten Kämpfen Schiedsrichter gestellt. Darüber hinaus gibt es ungeschriebene Gesetze, die es zu beachten gilt, will man sich die Achtung der Zuschauer verdienen. Wer sich nicht an die Regeln hält und an die ungeschriebenen Gesetze, wer also unfair ist oder spielt und nicht fair, der wird verachtet und bei wiederholter Missachtung der Regeln und Gesetze überdies gehasst.

Woher kommt dieser Hass, wird oft gefragt. In der Jägersprache gibt es einen Ausdruck, der lautet: die Gänse hassen auf den Fuchs. Gänse können sich, so gesehen, nicht anders wehren, als den Fuchs aus vollem Herzen zu hassen. Sie laufen dann auf das Raubtier zu, senken den Hals ab und Frauchen es an. Sie sind eigentlich wehrlos und nur in der Gemeinschaft stark. Sie bilden daher auch Triumphgemeinschaften. Mehr dazu kann man bei Konrad Lorenz nachlesen. Hass ist demnach ein natürlicher Vorgang, ein ganz normales Gefühl. Auch der Mensch ist von Natur aus wehrlos und findet sich daher gerne in Gemeinschaften zusammen. Er hasst, weil und sobald ihm nichts anderes übrig bleibt.

Dabei wird der normale Aggressionstrieb, das Draufgängerische der Nahrungssuche, in eine bestimmte Richtung kanalisiert, und zwar in Richtung des Feindes. Man hat dann ein Feindbild. Die Gänse fauchen und zischen so laut sie können, und auch alle anderen Tiere nutzen das letzte, was sie haben – ihre Stimme – und brüllen, kreischen, schreien oder zetern, so laut es eben geht.

Im Falle der Liebe darf sich der erwähnte Aggressionstrieb nicht in Hass verwandeln. Vielmehr muss es gelingen, dass sich eine Beziehung, eine Triumphgemeinschaft bildet. Die Aggression beider Beteiligten muss sich auf den gemeinsamen Feind richten und die Aggression untereinander so stark wie möglich gehemmt werden. Das läuft in der Natur normalerweise automatisch ab, gelingt aber nicht immer optimal. Triumphgemeinschaften sind gefühls- und verstandesmäßig so miteinander verwachsen, dass sie kaum bewusst werden und es beim Verlust eines Beteiligten zu ernsthaften Krankheiten und sogar zum Tod des anderen Beteiligten kommt. Die Liebe ist deswegen eine Himmelsmacht. Sie entsteht nicht bewusst – man weiß nicht, wie es kommt. Je mehr man weiß, umso weniger hat die Liebe eine Chance. Ein gemeinsamer Feind ist zwingend notwendig. Man kann durchaus soweit gehen zu sagen, dass sich Liebe und Hass zusammen entwickeln und nicht unabhängig voneinander. Je stärker der oder die eine, desto stärker auch der bzw. die andere. Von einer Himmelsmacht ist die Rede, weil diese Zusammenhänge nicht bewusst sind. Denn auf den Hass gegenüber dem gemeinsamen Feind muss unbedingt das wechselseitige Anhimmeln, das Verliebtsein folgen. Nur dann hat die Liebe eine Chance. Nur dann kann sie sich entwickeln. Dies geschieht, indem sich der Hass auf den gemeinsamen Feind und die wechselseitige Liebe gegenseitig verstärken.

Gut und böse sind nicht einfach

nur die zwei Seiten einer Unterscheidung. Sie existieren nicht im luftleeren Raum. Ursache ist der Umstand, dass es Raubtiere gibt. Genauso, wie es nicht bloß Säugetiere gibt, gibt es auch nicht nur das Gute. Sondern weil einige Säugetiere Raubtiere sind, gibt es auch das Böse. Der Mensch ist also nicht bloß ein Beobachter, der eine Unterscheidung einsetzt, sondern er nimmt wahr, wie es ist, und sucht nach Worten dafür. Das berührt allerdings erkenntnistheoretische Überlegungen, die ich dem Leser an dieser Stelle erspare. Es geht um die Frage, ob es etwas an und für sich gibt, oder ob der Beobachter das Beobachtete erst erschafft. Ein Thema für ein eigenes Buch.

Nur so viel: Die Systemtheorie nimmt, gestützt auf die Quantenmechanik des vorigen

Jahrhunderts, an, dass erst das Beobachten, erst der Einsatz einer Unterscheidung und das Bezeichnen einer Seite der Unterscheidung, das Beobachtete erzeugt oder erschafft. Das ist natürlich vollkommener Humbug. Oder wie lässt sich sonst erklären, dass es möglich ist, unvorbereitet auf einen Tatort zutreffen? Hat erst der Zeuge, der den Ort des Verbrechens betritt, die ganze Szenerie erschaffen? Und ohne den Zeugen wäre nichts passiert? Wie man sieht, ist die moderne Interpretation der Quantenmechanik totaler Blödsinn und eine absichtliche Verdummung der Massen. Es gibt das Böse, es ist immer und überall, wie man so sagt. Im Übrigen ist jene Interpretation nur eine von vielen möglichen Interpretationen der Quantenmechanik.

Es gibt Systeme, lässt sich

konstatieren, und sie sind mehr oder weniger böse. Das habe ich oben dargestellt. Der Himmel ist leer und die Erde voller Systeme. Darüber, oder besser: daneben, gibt es nur Geschwätz. Luhmann hat nun seinerzeit versucht, das Schwatzen zu einer eigenen Systemart zu erklären und den Soziologen weiszumachen, es gebe soziale Systeme, die auch noch der Himmel seien und anzubeten wären. Es ist ihm glücklicherweise nicht gelungen, denn aufmerksame Beobachter haben ihm einen Vogel gezeigt. Apropos Vogel – wie kommt es, dass man manchmal von einem Vogelschiss getroffen wird? Hat man das beobachtet und so selber erzeugt? Wohl kaum. Im Gegenteil, man hat nicht im Entferntesten daran gedacht.

Das Böse ist das Ende der Systemtheorie Luhmanns, weil sie es nicht anerkennt. Die Theorie sozialer Systeme nimmt nur an, dass es soziale Systeme gibt, aber nicht, dass es das Böse gibt oder sozusagen böse soziale Systeme. Sie kann das Böse daher nicht bekämpfen, sich nicht dagegen wehren. Sie ist mithin zum Untergang verurteilt. Nur wenn man das Sein des Bösen anerkennt, kann man es auch bekämpfen. Wie der strahlende Held oder Jesus Christus kann man dann vom Himmel kommen und das Böse besiegen. Nur wenn man es in den Blick nimmt, kann man es erkennen und darauf Zielen, und nicht, indem man es ignoriert und wild bestreitet, dass es überhaupt irgend etwas gibt.

Hinzu kommt, dass sich die Systemtheorie an vielen Stellen widerspricht. Ein Punkt ist die Frage, inwieweit Systeme frei sind oder nicht. Dieses Thema würde jedoch ebenfalls ein eigenes Buch ergeben. Ein anderer Punkt ist die Frage, ob etwas nun unmittelbar von selbst entsteht, also nach Maturana autopoietisch, oder ob etwas erst durch die Beobachtung eines Beobachters entsteht im Sinne der populären Interpretation der Quantenmechanik. Luhmann hat zwar auch Paradoxien in seine Großtheorie eingebaut, aber irgendwie bleibt die Theorie in Bezug auf das Problem der Entstehung oder Erzeugung offen bzw. unentschieden. Das Problem wird weder gesehen noch thematisiert. Es entsteht seinerseits dadurch, dass man alle möglichen Theorien und Theoreme zusammenwürfelt und dieses Gebräu dann wiederum eine Theorie nennt.

Die Frage ist nun, ob sich gut und böse zusammen entwickelt haben, wie es bei einer Unterscheidung zu erwarten wäre, oder ob eines von beiden zuerst da war und dann das andere hinzu kam. In den Erzählungen der Religionen jedenfalls war zunächst Gott, also das Gute, vorhanden, von dem sich der Teufel als gefallene Engel abspaltete. Ich sehe dies jedoch als psychologische Abspaltung, da der Verstand den Gegensatz von gut und böse nicht in einer Person unterbringen kann, außer in solchen Figuren wie Dr. Jekyll und Mr. Hyde, mit denen gut und böse wieder in einer Person vereint werden soll. Historisch jedenfalls hat es, etwa bei den Dinosauriern, auch immer schon gut und böse gegeben, oder anders: Raubtiere und Friedtiere. Das Böse wendet sich, so scheint es, gegen die eigene Art, die eigene Gattung, und kann vermutlich genauso charakterisiert werden. Es wendet sich letztendlich gegen sich selbst, ist also gegen etwas. Die Altvorderen waren gute Beobachter, wenn sie meinten, das Böse sei der Teufel, der sich gegen Gott wendet. Denn das Gute ist für etwas, nicht zuletzt für sich selbst da, und genügt sich selbst. Es ist mit sich selbst zufrieden. Das Gute war auch zuerst da, denn gegen was sollte das Böse sein, wenn es etwa zunächst da war und damit nichts anderes da war als es selbst? Das Böse hätte sozusagen nichts gehabt, gegen was es hätte sein können. Das Gute muss also zuerst da gewesen sein. Und das war auch gut so.

Über den Autor:

Enrico Georg Mahler wurde 1973 in Grevesmühlen geboren. Ein Jahr nach seiner Geburt zogen seine Eltern nach Rostock. Hier ging Enrico Georg Mahler zur Schule und machte sein Abitur. Nach dem Wehrdienst zog er nach Neubrandenburg und studierte dort Soziale Arbeit. Er ging nach Berlin und arbeitete dort als Erziehungsbeistand. Es folgten weitere Stationen des Wohnens und Arbeitens, wie etwa Stralsund und Wismar. Heute lebt Enrico Georg Mahler wieder in Rostock und arbeitet dort als freischaffender Autor.

Impressum: © 2024 Enrico Georg Mahler, Rostock

Verlag: BoD · Books on Demand GmbH, In de Tarpen 42, 22848 Norderstedt
Druck: Libri Plureos GmbH, Friedensallee 273, 22763 Hamburg
ISBN: 978-3-7583-4023-9